ANDREU APRENDE
POQUITO A POCO

© del texto y las ilustraciones: Paloma Briz López

© de la edición: Edicions 96, SL

Edita:
Edicions 96, SL
www.edicions96.com
C/ Fusters, 23
Apt. de correos 23
46670 La Pobla Llarga
edicions96@edicions96.com
Tel.: 962 461 104 / 692 221 004

Maquetación:
Pau Àlvarez López / Edicions 96

Corrección lingüística y de estilo:
Maria Josep Escrivà Vidal / Edicions 96

DL: V-213-2026
ISBN: 979-13-87628-35-2

¡Hola!

Me llamo Andreu.

Tengo tres años.

Tengo síndrome
de Down.

Eso significa que
aprendo poco a poco.

Mamá me enseña muchas cosas con dibujos y cuentos.

Me enseña colores, animales y palabras nuevas.

¡Aprendo mucho con mamá!

El sábado voy
a nadar, aunque me
cuesta un poco.

Mamá dice que
nadar es muy bueno
y que me ayuda
a crecer fuerte.

Cuando tenía dos años empecé a caminar.

Me ayudó la fisio.

Desde que tenía dos meses voy a la terapeuta.

¡Me ayuda jugando!

Desde pequeño
también voy
a clases de música.

El maestro tiene
mucha paciencia
conmigo.

¡Quiero tocar
el tambor!

Voy muy contento
al colegio.

Me quedo al
comedor porque
ya como solo.

¡A veces me ensucio
un poco!

Papá juega
mucho conmigo.

¡Me hace volar
y me hace
cosquillas!

¡Me lo paso
muy bien
con papá!

17

Mi prima dice
que soy
muy flexible.

¡Le sorprenden
las posturas que
hago sin esfuerzo!

Ahora solo
digo cinco palabras.

Con gestos
me hago entender.

Pronto empezaré
a hablar.

¡Tengo ganas de decir
muchas cosas!

21

La barriga de mamá ha crecido mucho.

¡Pronto tendré un hermanito que se llamará Guillem!

¡Estoy impaciente por conocerlo!

¡Adiós!

Andreu aprende poquito a poco es un relato pensado para niñas y niños de educación infantil. Por este motivo, no se hace referencia directa a la trisomía 21, ni a otros aspectos que los niños y niñas aún no pueden comprender.

El cuento narra la vida de Andreu a través de sus experiencias cotidianas en casa, en el colegio, etc. Además, refleja otros detalles, como la edad a la que empezó a caminar o sus dificultades con el lenguaje, con el objetivo de que, desde una perspectiva inclusiva, las niñas y los niños puedan verlo como un igual y comprendan a la vez sus particularidades.

Más información relativa
al síndrome de Down:
https://www.sindromedown.org/